AF248297

LES
33 MARTYRS DU JAPON

RELIGIEUX DE LA COMPAGNIE DE JÉSUS

BÉATIFIÉS PAR S. S. PIE IX

le 7 Juillet 1867.

AMIENS

OGRAPHIE ALFRED CARON FILS

42, Rue de Beauvais, 42

1868

MARTYRS DU JAPON

Charles
Spinola est né à Gê-
nes l'an 1564. Entré dans
la Compagnie de Jésus à 20 ans
il alla au Japon en 1602.
Après 16 années d'apostolat, Spinola
est jeté dans une prison sans toiture, si
étroite qu'il était impossible de s'y assoir.
C'est là que durant quatre années, Spinola a
été en proie à la faim, à la soif, auxquelles se
vinrent joindre de cruelles maladies. C'est de là
que Spinola écrit : *J'espère que Dieu ne permettra
point que je sorte de cette prison que pour aller
au Ciel... Ah! que je m'estimerai heureux,
lorsque je me verrai, pour l'amour de Jésus-
Christ, lié à un poteau et entouré de flammes...*
Il signe sa dernière lettre : *Charles, condamné
à la mort pour Jésus-Christ.*
Peu de jours après Spinola est conduit au supplice avec plusieurs de ses frères de la Compagnie de Jésus. Lié à un poteau qu'il a
couvert de ses baisers, il exhorte encore
le peuple, quand le feu éclate à vingt-
cinq pas. Spinola a les yeux fixés au
ciel, ses vêtements sont en flammes, ses liens se brûlent, il
s'affaisse et expire le 2 septembre 1622.

LEVASSE LILLE, édit-imp., 22, rue Saint-Sulpice.

B. CHARLES SPINOLA
de la Compagnie de Jésus, brûlé le 7 Juillet 1867

LES

33 MARTYRS DU JAPON

RELIGIEUX DE LA COMPAGNIE DE JÉSUS

BÉATIFIÉS PAR S. S. PIE IX,

le 7 Juillet 1867.

AMIENS

TYPOGRAPHIE D'ALFRED CARON FILS,
Rue de Beauvais, 42.

1868

L'ÉGLISE DU JAPON.

Sa Sainteté Pie IX, par un décret du 7 juillet 1867, a béatifié 205 martyrs, la plupart japonais, parmi lesquels la Compagnie de Jésus compte 33 de ses enfants, l'Ordre de St-Dominique, 21, celui de St-François, 18, celui des Ermites de St-Augustin, 5.

L'Église du Japon a été fondée en 1549 par St François-Xavier. Le Christianisme fit de rapides progrès dans ces îles lointaines, plongées jusqu'alors dans les ténèbres de l'idolâtrie, et les travaux des missionnaires, couronnés par les plus beaux succès, obtinrent de nombreuses conversions jusque dans les plus hautes classes de la Société. Dès 1560 les églises s'élevaient en grand nombre et, avec elles, des écoles, des hôpitaux, des séminaires qui fournirent quelques années plus tard des prêtres indigènes.

Mais bientôt les souverains du Japon, excités par les prêtres des idoles, organisèrent contre les chrétiens une persécution cruelle. Elle se développa dans des proportions effrayantes de l'année 1613 à 1632. On décréta contre les chrétiens les supplices les plus horribles que la rage de l'enfer et des tyrans inventa jamais pour exterminer le Christianisme.

On vit alors se renouveler dans l'église du Japon les plus beaux traits d'héroïsme des premiers siècles de l'ère chrétienne. Si du côté des persécuteurs, c'était la même cruauté qu'au temps des Néron et des Dioclétien : du côté des martys, c'était le courage, l'intrépidité que nous admirons dans les Laurent, les Sébastien, les Agnès, les Lucie.

Une partie des chrétiens étaient enfermés dans de noirs cachots, torturés par la faim et la misère, livrés à une lente et cruelle agonie. D'autres étaient jetés dans les flammes ardentes ou étouffés lentement dans une fosse fétide, ou précipités soit dans de sombres abîmes, soit dans les eaux bouillantes et sulfureuses du Bungen; d'autres enfin étaient livrés à des bourreaux impitoyables, qui leur déchiraient les flancs avec des tenailles de fer et mettaient leur chair en lambeaux. Mais la patience des martyrs triompha de tous les supplices : ils couraient à la mort rayonnants de joie et d'espérance, avides de cueillir la palme immortelle réservée aux vainqueurs.

Un des missionnaires du Japon, historien de ces persécutions, écrivait dans ses Mémoires de l'année 1624 : « Un travail m'a bien consolé ; c'est d'avoir constaté que, dans les dix années de 1614 à 1624, on compte au Japon, cinq cent cinquante très-glorieux martyrs, sans parler de ceux dont nous n'avons pas de renseignements, ou qui ont péri dans les souffrances et les misères de l'exil: ils sont assurément en grand nombre. Parmi les chrétiens martyrisés, cent quatre-vingt-seize ont été brûlés vifs, et les autres crucifiés, décapités, gelés dans l'eau, plongés vivants dans la mer, lapidés, etc. Et malgré la violence de la persécution, je trouve, compte fait, d'année en année, que, dans le cours de ces dix ans, plus de dix-sept mille adultes ont été baptisés. Le sang des martyrs est la semence de nouveaux chrétiens. »

Cependant la divine Providence permit aux persécuteurs de ruiner cette belle et florissante mission. Tous les prêtres furent exilés ou condamnés au dernier supplice, et durant plus de deux siècles l'accès du Japon demeura interdit aux chrétiens d'Europe, sous peine de mort.

Aujourd'hui les portes de cet empire commencent à se rouvrir, et les lettres de la Propagation de la foi nous apprennent que l'Eglise compte encore de nombreux et fervents prosélytes dans ces contrées lointaines.

Ainsi la foi apportée au Japon par St François-Xavier n'a pas été anéantie: fécondée par le sang des martyrs, elle a jeté dans cette terre de si profondes racines que tous les efforts de l'enfer n'ont pu parvenir à les arracher. Mais, privés depuis plus de deux siècles de toute communication avec l'Europe, les chrétiens du Japon tournent leurs regards vers Rome, et ils espérent que le ciel, fléchi par leurs prières, leur accordera bientôt le retour des missionnaires avec la liberté.

Joignons nos prières ferventes aux supplications de ces infortunés chrétiens. Adressons-nous aux saints martyrs protecteurs du Japon, afin d'obtenir du Sacré Cœur de Jésus la fin de cette longue persécution. Rappelons-nous aussi la parole de St-Augustin : Les fêtes instituées en l'honneur des martyrs sont des exhortations au martyre ; elles nous excitent à imiter sans crainte ceux dont nous aimons à célébrer les louanges.

GLORIEUSE MORT

DES

33 RELIGIEUX DE LA COMPAGNIE DE JÉSUS

22 mai 1617.

Le B. P. Jean-Baptiste **Machado,** prêtre
de la Compagnie de Jésus, décapité.

Le P. Jean-Baptiste Machado, nommé aussi
de Tavora, issu d'une famille illustre, naquit à
Tercère, une des îles Açores, dans le voisinage
du Portugal.

En 1597, âgé de 17 ans à peine, il entra dans
la Compagnie de Jésus, à Coïmbre. Ses études
de philosophie terminées à Goa, et celles de
théologie à Macao, il partit pour le Japon, où il
débarqua en 1609.

Il y convertit un grand nombre d'idolâtres,
autant par l'exemple de ses vertus que par la
ferveur de son zèle. Quand Daïfusama eut banni
les Pères du Japon, le Père Jean-Baptiste fut
un de ceux qu'on désigna pour quitter le pays.
Mais il fit violence au ciel par ses larmes et ses
prières. Les Supérieurs, ayant changé d'avis, lui

1.

permirent de rester au Japon, et lui donnèrent à évangéliser une des îles de Goto. Il fut arrêté par les satellites au moment où il exerçait le saint ministère. Jeté en prison, il eut la consolation d'y trouver le B. P. de l'Assomption, de l'ordre des Frères mineurs. C'est avec lui qu'il marcha au supplice. Il eut la tête tranchée par la hache du bourreau.

18 novembre 1619.

Le B. F. Léonard Kimura, de la Compagnie de Jésus, japonais, brûlé à Nangasaki:

Elevé par les Pères de la Compagnie de Jésus, il se mit à leur service comme catéchiste, prit leur habit à 17 ans et fit ensuite les vœux de religion.

Il choisit par humilité le degré de coadjuteur temporel, et convertit une foule de païens. Après deux années et demie d'emprisonnement, il fut condamné à être brûlé pour avoir prêché l'Evangile.

7 janvier 1620.

Le B. F. Ambroise Fernandez, de la Compagnie de Jésus, mort en prison.

Ambroise Fernandez, portugais, alla chercher

fortune en Orient; mais, jeté sur les côtes du Japon par une horrible tempête, il renonça au monde, et fut admis dans la Compagnie de Jésus comme frère coadjuteur, à l'âge de 26 ans. Après 43 années de vie religieuse, sans jamais s'être reposé des fatigues et des souffrances qu'il avait eu à endurer dans cette mission, il mourut de faim et de misère dans l'horrible prison de Suzuta. Le Père Spinola, détenu avec lui, raconte ainsi à son Provincial la bienheureuse mort de ce saint vieillard :

« Beaucoup et de graves motifs me pressent
» d'écrire à Votre Révérence, mais surtout
» l'heureux départ de notre très-vertueux vieil-
» lard Ambroise Fernandez. Tous furent émer-
» veillés de le voir se dégager si prestement des
» liens de cette vie. Il mangeait très-difficile-
» ment et très-peu, car on ne lui donnait rien de
» mangeable. Survint un froid si glacial qu'il
» perdit la voix, le mouvement, et resta frappé
» d'apoplexie. On a eu quelque idée d'empoison-
» nement, à cause de la quantité de sang qu'il a
» vomi. Il expira vers minuit et resta si chaud
» qu'il semblait plus vivant que tout autre.
» Aussitôt qu'il eut été frappé par la maladie,
» quoiqu'il se fût confessé et eût communié ce
» jour-là même, je lui demandai à haute voix
» s'il se repentait sincèrement de tous les péchés
» de sa vie. Il fit signe que oui, et je lui donnai

» l'absolution. Je lui demandai ensuite s'il mou-
» rait volontiers de faim pour l'amour de Jésus-
» Christ. Il put répondre : qu'il soit fait de moi
» ce qui plaît à Dieu. Je lui demandai s'il vou-
» lait recevoir l'Extrême-Onction pour se for-
» tifier dans ce dernier combat. Il prononça
» un dernier oui très-intelligiblement. Nous
» étions au milieu de la nuit. Le voyant toucher
» à son terme, je demandai par piété une
» lumière aux soldats, afin de pouvoir lui admi-
» nistrer les saintes huiles. Je ne pus l'obtenir ;
» alors je me décidai à allumer une mèche d'ar-
» quebuse, ce qui me donna le moyen de lui
» faire les onctions sacrées. Il s'en alla dans la
» demeure des anges, comme nous le croyons,
» avec un visage angélique, accompagné du
» chant des psaumes et des litanies, et au mi-
» lieu de ces bons religieux. Puis un deux qui
» faisait les fonctions de choriste de semaine,
» entonna le psaume *Laudate Dominum*
» *omnes gentes*, en actions de grâces. Tous pleu-
» raient de joie autour de moi, ils me portaient
» envie d'avoir un compagnon martyr, qui
» était parti de ce monde, muni de tous les sa-
» crements ; ils espéraient que dans le Ciel,
» celui qui sur la terre avait été si aimable et
» si aimé, leur serait un intercesseur commun.
» Pour moi, mon heure n'est pas encore venue,
» j'ai grande confiance que la bonté divine ne
» la retardera pas, j'attends mon jugement,

» et ma condamnation capitale dans deux ou
» trois jours. Et tout en me réjouissant infini-
» ment d'avoir mon très doux compagnon au
» Paradis, je m'afflige intérieurement de ne
» pas l'avoir servi et traité comme il le méri-
» tait. »

☩

10 août 1622.

Le B. F. Augustin **Ota,** de la Compagnie de Jésus, décapité.

Augustin Ota naquit à Ogiza, île du Japon ;
baptisé par les Pères à l'âge de 15 ans, il leur
servit de catéchiste pendant 35 ans, n'attendant
d'autre récompense que celle d'être admis dans
leur ordre. Arrêté le 24 avril 1622 avec le
P. Costanzo, il put prononcer ses vœux avant
d'être décapité sur le rivage de la mer.

Le B. P. Charles **Spinola,** et huit autres jésuites, martyrisés à Nangazaki.

Le P. Spinola, considéré comme l'âme de la
mission par ses vertus, sa science et son courage,

était fils unique d'Octave Spinola, comte de Tassarolo, de l'illustre famille génoise de ce nom. La nouvelle de la glorieuse mort du P. Rodolphe Aquaviva, de la Compagnie de Jésus, martyrisé dans les Indes, lui inspira un ardent désir d'obtenir un jour le même bonheur; il entra dans la Compagnie de Jésus, en 1584, à l'âge de 20 ans. Après son noviciat il suivit à Naples le cours de philosophie en compagnie de St-Louis de Gonzague. Ordonné prêtre, il reçut la bonne nouvelle de sa destination pour le Japon, et en 1602 il arriva à Nangasaki. Durant seize années, il se distingua par ses vertus, ses prédications apostoliques et son habileté dans le gouvernement, jusqu'à ce que, l'an 1618, il tomba entre les mains des émissaires de l'empereur. Conduit à Omura, il fut enfermé, avec un grand nombre de religieux de différents ordres, dans une affreuse prison. Écrivant à son Provincial, le P. Spinola en donne lui-même la description : nous transcrivons en entier ces précieux détails écrits de la main d'un martyr :

« Notre prison, large de seize palmes, et
« longue de vingt-quatre, ressemble tout à
« fait à une cage d'oiseau: elle est formée, dans
« son pourtour et son plafond, de poutrelles
« carrées, distantes l'une de l'autre de deux
« doigts; il y a un toit de tuiles, et le sol est
« traversé par beaucoup de poutres clouées à
« de grosses planches. On a percé une petite

« porte par laquelle une personne peut à peine
« passer, et qu'on tient fermée à clef. Tout pro-
« che est un trou de la grandeur et de la forme
« de l'écuelle de riz en usage au Japon, et dans
« laquelle on nous donne à manger. Tout au
« tour est un chemin large de huit palmes, qui
« est clos par une double ligne de pieux serrés,
« élevés, terminés en pointe et dont l'intervalle
« est bourré d'épines. Cette palissade n'a qu'une
« porte vis à vis de la petite, et qui ne s'ouvre
« qu'à l'heure du déjeuner et du dîner. Il y a,
« en deux endroits, des bâtiments, les uns pour
« les soldats de garde jour et nuit et leur capo-
« ral qui leur fait faire des rondes fréquentes et
« les empêche d'être négligents dans leur ser-
« vice, les autres, pour la cuisine.

» Enfin, tout le reste de l'emplacement est
« entouré d'une autre forte palissade où se
« trouve la porte principale, de manière que
« nous sommes restés longtemps sans pouvoir
« échanger aucune lettre avec Nangasaki, ni
« recevoir aucune sorte de provisions. Notre
« ordinaire se compose de deux écuelles, l'une,
« de riz, cuit simplement à l'eau, l'autre, d'her-
« bes mal assaisonnées, et de quelques raves
« crues ou salées, ou de deux petites sardines
« salées et d'eau chaude et froide pour apaiser
« la soif. Et comme plusieurs d'entre nous ne
« se sont jamais vus à pareil régime, nous nous
« en tirons avec le riz et le sel.

» On ne nous permet pas de nous servir de
« couteaux ni de ciseaux ; et, pour ne pas com-
« promettre ceux qui nous en ont procuré,
« nous portons une barbe et des cheveux d'er-
« mite. On ne veut pas que nous lavions dehors
« notre chemise et autres vêtements, ni que
« nous les fassions sécher au soleil. Aussi la
« malpropreté est-elle extrême, et comme tous
« les autres besoins naturels doivent nécessaire-
« ment se satisfaire dans l'intérieur de cette
« prison, la puanteur y est grande. On ne nous
« donne pas de lumière pendant la nuit, de ma-
« nière que chacun des sens a son sup-
« plice.

» L'été s'est encore bien passé malgré le vent
« et l'air froid des nuits qui pénétraient de tous
« côtés ; mais quand vinrent les pluies et les
« tempêtes et que leur succédèrent les froids et
« les neiges, comme nous n'avions rien pour
« nous garantir, nous avons eu beaucoup à
« offrir au Seigneur. » Là entassés et dévorés
de vermines, 32 confesseurs de la foi subissaient
les tourments de la plus cruelle misère.

Après quatre années de souffrances dans cet
affreux cachot, le P. Spinola en fut tiré avec 24
autres religieux pour être conduit à Nangasaki,
où ils devaient tous ensemble subir le supplice
du feu. Le P. Spinola marchait à leur tête.

Le lieu du supplice était une colline que
le sang des missionnaires avait déjà plus

d'une fois rougie et que les fidèles surnom-
maient *Mont-Sacré*. Sur le sommet on avait
planté pour eux vingt-cinq poteaux entourés à
distance par un seul bûcher, qui devait les con-
sumer à petit feu. Bientôt arriva une autre
troupe de trente et un chrétiens japonais parmi
lesquels quatorze femmes, et cinq enfants de
trois à douze ans; ils étaient condamnés à avoir
la tête tranchée. Une multitude compacte entourait le bûcher destiné aux religieux. Chacun d'eux
fut lié à un poteau ; en face furent placés les
chrétiens japonais. Les deux bataillons de martyrs
étant ainsi réunis et n'attendant plus que le
signal de l'exécution, le P. Spinola entonna le
Laudate Dominum, omnes gentes ; et le can-
tique de louanges retentit jusqu'au ciel, répété
par cette vaillante troupe. Bien qu'exténué
par sa longue détention, par une maladie
cruelle et ses propres macérations, Spinola
eut encore assez de force pour adresser une
vive exhortation aux payens et aux portugais
témoins de sa mort.

Au nombre des martyrs japonais, se trouvait
une femme nommée Elisabeth Fernandez dont
le mari avait été brûlé pour avoir donné asile
au P. Spinola. Le martyr l'aperçoit et se souve-
nant qu'il a baptisé l'enfant de cette femme:
«Où est notre petit Ignace?» demande-t-il. « Ici
avec moi» reprend la mère, et l'élevant sur ses

bras : « Regarde, mon fils, lui dit-elle, regarde celui qui t'a fait enfant du bon Dieu; c'est ton père, demande-lui sa bénédiction. » L'enfant âgé de quatre ans se met à genoux, joint les mains et incline la tête; le Père lève les yeux au ciel, puis les abaisse sur son petit Ignace, comme pour le bénir. Un cri de pitié s'échappe de toutes les bouches; mais bientôt au signal donné 31 têtes de chrétiens tombent les unes après les autres; Ignace, à genoux, avait croisé ses petites mains sur la poitrine et sa tête était tombée sous la hache du bourreau auprès de celle de sa mère.

En ce moment on met le feu au bûcher; mais la flamme peu ardente et assez éloignée des patients ne les consume que lentement. Les uns n'expirent qu'après une heure et demie, d'autres, après deux heures de cruelles souffrances. Le P. Charles Spinola enveloppé par la flamme tomba et mourut le premier sans avoir donné un signe de crainte ou de faiblesse. Il était âgé de 58 ans. Ses cendres et celles des autres martyrs furent jetées à la mer.

COMPAGNONS DE MARTYRE DU P. SPINOLA.

Le B. P. Sébastien **Kimura,** neveu du premier japonais converti et baptisé par St François-Xavier.

Il fut le premier prêtre japonais, et, le premier parmi les prêtres de cette nation, il eut la gloire de mourir martyr. Entré dans la Compagnie de Jésus à l'âge de 19 ans, il s'appliqua tout entier au ministère apostolique. Il mourut sur le bûcher, à l'âge de 57 ans.

Les sept autres firent leur noviciat dans la prison, sous la direction du P. Spinola, et prononcèrent entre ses mains les vœux qui les liaient à la Compagnie de Jésus.

✠

Le B. F. Antoine **Kiuni**, scolastique de la Compagnie de Jésus avait 50 ans. Il servit longtemps de catéchiste aux Pères, et acquit une grande réputation d'humilité et de zèle.

✠

Le B. F. Pierre **Sampo**, scolastique de la Compagnie de Jésus, naquit de parents nobles. Il renonça aux charges honorables qu'il occupait à la Cour, se bâtit une hutte auprès du noviciat de la Compagnie, et y donna tout son temps aux exercices spirituels. Il avait 40 ans passés, quand il offrit à Dieu le sacrifice de sa vie.

✠

Le B. F. Michel **Xumpo**, scolastique de la Compagnie de Jésus, né d'une famille chrétienne, confié aux Pères de la Compagnie à l'âge de neuf ans, fit ses études au séminaire d'Arima. Il mourut à l'âge de 33 ans.

✠

Le B. F. Gonzalve **Fusaï**, scolastique de la Compagnie de Jésus. Attaché à la cour du roi de Bigen, il s'offrit, après son baptême, aux Pères de la Compagnie de Jésus, pour leur servir de catéchiste. Il avait 40 ans, lorsqu'il fut martyrisé.

✠

Le B. F. Thomas **Acafoxi**, scolastique de la Compagnie de Jésus, d'une famille noble, âgé de 50 ans, était catéchiste du P. Kimura.

✠

Le B. F. Louis **Cavara**, scolastique de la Compagnie de Jésus, âgé de 40 ans, avait été page du roi d'Arima, puis élevé à une charge supérieure. Durant la persécution, chassé de la cour, il se mit sous la conduite des Pères de la Compagnie.

✠

Le B. F. Jean **Ciongocou**, scolastique de la Compagnie de Jésus, modèle de douceur et de patience, vécut durant 20 ans au service des Pères. Faute de poteau il fut décapité.

✠

15 Septembre 1622.

Le B. P. Camille **Costanzo**, prêtre de la Compagnie de Jésus, brûlé à Firando.

Camille naquit d'une famille noble en Calabre.

Après avoir étudié le droit à Naples, il entra dans la Compagnie à l'âge de 20 ans. Il demanda les missions et aborda à Nangasaki en 1605. Dans l'édit de bannissement de 1614, il fut obligé de se réfugier en Chine. Cet exil dura 7 ans. Ensuite il retourna au Japon, où il fut pris par les persécuteurs, et gagna la palme du martyre, qu'il avait toujours demandé à Dieu dans ses prières.

Condamné au supplice du feu, il s'avança vers le bûcher avec une sainte allégresse ; et s'étant placé au pied du poteau, il s'adressa à la multitude qui l'entourait, lui annonçant les vérités saintes, tandis que le feu allumé par les bourreaux consumait son corps. Les flammes s'élevèrent à une telle hauteur qu'on ne le vit plus, et cependant sa voix se faisait toujours entendre. Puis il se tut, les flammes tombèrent et on le revit. Il paraissait plongé dans une contemplation profonde, le visage et les yeux tournés vers le ciel, immobile, et rayonnant de joie. Après quelques instants il chanta le *Laudate Dominum*, puis rentra dans le silence. On croyait qu'il avait expiré, quand il recommença tout à coup à prêcher avec force. Et lorsque les flammes devenues plus intenses l'enveloppèrent tout entier, on l'entendit s'écrier par trois fois : « Oh ! qu'il fait bon ici ! » — Il expira en chantant à plusieurs reprises : *Sanctus ! Sanctus !*

✠

1ᵉʳ Novembre 1622.

Le B. P. Pierre **Navarro**, prêtre de la Compagnie de Jésus, brûlé vif à Ximabara, avec deux Frères japonais.

Pierre naquit à Laino, dans le royaume de Naples, en 1560. A 18 ans, il fut reçu dans la Compagnie de Jésus. Il se rendit au Japon en 1586. Il acheta, par 36 années de travaux et de souffrances, la palme du martyre qu'il obtint à l'âge de 62 ans.

Il marcha au supplice en chantant les litanies, et expira au milieu des flammes en prononçant à haute voix les saints noms de Jésus et de Marie.

Le P. Pierre eut pour compagnons de son martyre deux Japonais de la Compagnie de Jésus, Denis **Fuginxima**, catéchiste, âgé de 38 ans, et Pierre **Onizuki**, âgé de 18 ans. Ce dernier, fils d'un puissant seigneur de Faciran, préféra la mort aux offres les plus séduisantes de Bungodono.

✠

4 décembre 1623.

Le B. P. **Jérôme de Angelis**, prêtre de la Compagnie de Jésus, brûlé à Jendo, à l'âge de 56 ans.

Le Père Jérôme de Angelis était de Castro de

Giovanni, en Sicile. Il étudia le droit à Palerme, et renonça au monde pour entrer dans la Compagnie de Jésus, à l'âge de 18 ans. On lui accorda la grâce de partir pour le Japon ; il y aborda en 1602. La persécution de 1614 le poussa à Nangazaki où il vécut déguisé en japonais. De là, il pénétra jusqu'aux confins du Japon, à Xendaï. Il y convertit plus de dix mille idolâtres. Le premier aussi, il prêcha la foi à Jesso. 50 chrétiens périrent avec lui dans le même holocauste.

Le B. F. Simon **Jempo**, japonais, âgé de 43 ans, attaché pendant 25 ans au service des Pères, dans l'emploi de catéchiste, mourut avec le Père de Angelis, après avoir fait ses vœux.

22 février 1624.

Le B. P. Jacques **Carvalho**, prêtre de la Compagnie de Jésus, mort gelé dans l'eau, à l'âge de 46 ans.

Le Père Jacques Carvalho, né à Coïmbre en Portugal, passa 15 années à évangéliser les contrées les plus rudes et les plus sauvages du nord du Japon. Il fut arrêté sur le territoire d'Oroxie, et condamné à être plongé dans une fosse remplie de neige et de glace. Pour prolonger ses souffrances, on le retira de la fosse, et on le reconduisit en prison. Comme sa patience et sa douceur inaltérables finirent par lasser le gouverneur, on le replongea dans la fosse, avec l'ordre de l'y laisser mourir. Les bourreaux forçaient le Père à se tenir debout tout nu, ayant de la glace jusqu'aux genoux ; la neige tombait à gros flocons, le vent du nord soufflait avec violence. Ce supplice dura depuis dix heures du matin jusqu'à minuit. Quelques chrétiens furent témoins des derniers moments du martyr. On l'entendait répéter les noms de Jésus et de Marie; puis sa voix s'éteignit peu à peu, et son âme, s'échappant de son corps glacé, s'envola au séjour de la gloire.

25 août 1624.

Le B. P. Michel **Carvalho,** prêtre de la Compagnie de Jésus, brûlé à Ximabara.

Michel Carvalho naquit en 1577 à Braga, en Portugal, et entra dans la Compagnie de Jésus à l'âge de 20 ans. Il fut envoyé au Japon, où il aborda en 1621.

Il donna ses soins pendant deux années aux chrétiens d'Amacusa, et passa ensuite dans les environs de Nangazaki. Il revenait d'Omura, après avoir entendu quelques confessions, lors-

qu'il fut reconnu par un espion et livré aux soldats. On le condamna au bûcher.

Ce fut un homme d'une vie fervente et aus-
tère. Il jeûnait trois jours de la semaine au
pain et à l'eau, portait le cilice, et prenait chaque
jour la discipline jusqu'au sang. Il brûlait du
désir de donner sa vie dans les tourments pour
Jésus-Christ.

✠

20 juin 1626.

Le B. P. François **Pacheco,** prêtre, et huit
autres religieux de la Compagnie de Jésus,
brûlés à Nangazaki.

Une des plus cruelles persécutions fut celle
de 1626 excitée par Midzuno Cavaci, gouverneur
de Nangazaki. — Il fit arrêter le P. Pacheco,
Provincial de la Compagnie de Jésus, réfugié
dans la noble famille des Araki. On saisit en
même temps, avec le P. Provincial, le F. Gaspard Sandamatzu, de plus les Japonais Pierre
Rinxei, Paul Xinsuki, Jean Kisako, tous admis
dans la Compagnie de Jésus, en récompense de
leurs travaux pour la religion. Quelques jours
après fut emprisonné le P. Jean-Baptiste Zola,
avec son catéchiste Vincent Caun ; enfin le P.
de Torres avec le F. Michel Tozo, son catéchiste. Tous furent condamnés au feu, à Nangazaki. Ce fut un jour de triomphe pour les

chrétiens ; la ville fut témoin de leur courage et de leurs transports de joie au milieu des supplices.

Le B. P. François Pacheco naquit à Ponte de Lima, dans l'évêché de Lima. Il entra dans la Compagnie de Jésus, à l'âge de 20 ans, en 1586. Ses instances réitérées lui obtinrent à la fin de ses études de passer aux Indes Il enseigna la théologie à Macao, jusqu'en 1604. De là il partit pour le Japon, où il convertit un grand nombre d'âmes à la foi. Il mourut âgé de 61 ans.

Le B. P. Jean-Baptiste **Zola**, prêtre de la Compagnie de Jésus, était de Brescia, en Italie. Entraîné par son zèle ardent, il partit pour les Indes en 1602, et arriva au Japon en 1606. Il y travailla pendant vingt ans à la conversion des païens, et obtint la palme du martyre à l'âge de 50 ans.

Le B. P. Balthazar **de Torres** naquit à Grenade, en Espagne, en 1563. Il entra dans la Compagnie de Jésus à l'âge de 16 ans. Après avoir surmonté de grandes difficultés, il arriva au Japon en 1603. Epuisé de fatigues et parvenu à l'age de 63 ans, il s'était retiré à Nangazaki, dans une famille de pauvres mais fervents chrétiens, avec lesquels il fut arrêté par ordre de Gavaci.

✠

Le B. F. Gaspard **Sandamatzu**, japonais, frère coadjuteur, fut élevé dans le séminaire d'Arima, et reçu en 1582 dans la Compagnie de Jésus. Il fut arrêté et conduit au supplice avec le P. Pacheco, auquel il servait de compagnon.

✠

Le B. F. Pierre **Rinxei**, né à Faciran, élevé dans le séminaire d'Arima, devint un excellent catéchiste, et pratiqua toutes les vertus dans un degré éminent. Le P. Pacheco le garda près de lui durant les huit dernières années de sa vie.

✠

Le B. F. Paul **Xinsuki**, âgé de 45 ans, né à Usanda, catéchiste, accompagna longtemps les Pères de la Compagnie de Jésus, et obtint avant sa mort d'être reçu dans leur ordre.

✠

Le B. F. Jean **Kinsaco de Cocinotzu**, âgé de 21 ans, se trouvait dans la maison des hôtes du P. Pacheco au moment de l'arrestation. Il aurait pu échapper à la persécution, mais il s'offrit volontairement aux soldats et les supplia les larmes aux yeux de l'emmener en prison avec le P. Provincial, qui l'admit dans la Compagnie.

✠

Le B. F. Michel **Tozo**, âgé de 38 ans, catéchiste du P. de Torres, fut attaché successivement au service de trois prêtres martyrs, tous de la Compagnie de Jésus. Il obtint par ses supplications la grâce d'être admis dans leur ordre, et fut brûlé vif avec le P. de Torres.

✠

Le B. F. Vincent **Caun**, Coréen, fut emmené au Japon comme prisonnier de guerre, en 1591. Rendu à la liberté, il reçut le baptême des mains du P. de Morejon, passa 4 ans au séminaire d'Arima, et les 29 dernières années de sa vie dans l'emploi de catéchiste et de prédicateur. On le chargea de fonder une mission en Corée, avec le P. Zola, mais, n'ayant pu y réussir, il retourna au Japon. Bungodono, roi d'Arima, fit tous ses efforts pour l'attacher à sa cour en qualité de secrétaire. Promesses, menaces, tortures, tout fut mis en œuvre pour le faire apostasier. Désespérant de le vaincre, son persécuteur le condamna au supplice du feu.

✠

7 septembre 1627.

Le B. P. Thomas **Tzugi**, prêtre de la Compagnie de Jésus, brûlé à Nangazaki, à l'âge de 57 ans.

Le P. Thomas naquit d'une famille noble à

Sonongaï, au Japon. Il fut élevé dans le séminaire d'Arima, et se consacra en 1589 au service de Dieu dans la Compagnie de Jésus. Exilé à Macao durant la persécution, il revint au Japon, et y reprit ses travaux accoutumés. Il se déguisait le plus souvent en portefaix, pour tromper les poursuites de ses ennemis. Son courage finit par faiblir à la longue, et Dieu pour l'humilier permit qu'il en vînt jusqu'à demander sa sortie de l'ordre. A peine fut-il délié de ses vœux qu'il se repentit de sa faute, et fit les sollicitations les plus pressantes pour rentrer dans la Compagnie. Après de longues épreuves, les Supérieurs consentirent à l'admettre de nouveau. Dieu n'avait permis ce moment d'oubli que pour humilier le futur martyr, et le préparer à surmonter courageusement les tourments de la mort. Un jour qu'il terminait le saint sacrifice de la messe dans la maison d'un chrétien de Nangazaki, il fut arrêté par une troupe de soldats. Conduit en prison, il se montra supérieur à tous les genres d'épreuves, et endura avec un courage héroïque le supplice du feu. Les Portugais, témoins de son supplice, attestent que la poitrine du P. Thomas resta intacte au milieu des flammes, après que tout le reste du corps eût été consumé. Ensuite la poitrine s'ouvrit tout-à-coup, et il en jaillit une flamme, dont la beauté et la transparence effaçaient tout ce qu'on peut imaginer.

✠

25 décembre 1628.

Le B. F. Michel **Nacaxima,** de la Compagnie de Jésus, mort dans d'horribles supplices, à l'âge de 45 ans.

Michel Nacaxima, japonais, du royaume de
Fingo, dès l'âge de 11 ans fit vœu de chasteté
perpétuelle, et mena dès lors une vie d'une
pureté irréprochable. Il fut reçu dans la Compagnie par le P. Mathieu de Couros, Provincial. Un jour, suivant l'usage du pays, les bourreaux vinrent lui demander du bois pour le
bûcher de ceux qui avaient été condamnés au
feu. Michel ayant hautement refusé de donner
même une épine pour concourir à l'injuste
mort des ministres de Dieu, fut dénoncé à
Cavaci qui ordonna son arrestation. Après lui
avoir fait subir une série de tourments inouïs,
on le condamna à être plongé dans les eaux
sulfureuses du Bungen, qu'on appelle les bouches de l'Enfer. Son corps fut arrosé d'eau
bouillante jusqu'à ce qu'il ne fût plus qu'une
plaie horrible à voir. Alors on l'exposa au froid
glacial de la nuit. Puis, au lever du soleil, on le
replongea dans l'eau bouillante, où il expira
sans avoir poussé un seul gémissement.

✠

3 décembre 1632.

Le B. P. Antoine **Ixida,** prêtre de la Compagnie de Jésus, brûlé à Nangazaki, à l'âge de 63 ans.

Antoine Ixida naquit à Ximabara. Elevé dans le séminaire d'Arima, il entra dans la Compagnie de Jésus à l'âge de 19 ans. Missionnaire infatigable, il convertit par son zèle et son éloquence une foule d'infidèles, même du plus haut rang. Longtemps il échappa aux recherches des persécuteurs. Enfin, durant l'horrible persécution, suscitée par le féroce Uxème, gouverneur de Nangazaki, il tomba entre les mains des satellites. Il fut chargé de lourdes chaînes et d'un collier pesant, et conduit en prison où il demeura durant deux années dans une cruelle captivité, supportant la faim, la soif, et l'infection d'un noir cachot. Comme Uxème finit par se convaincre qu'il ne réussirait point à le faire apostasier par ce moyen, il le condamna à être arrosé d'eau bouillante dans les eaux sulfureuses du Bungen. Pour prolonger le supplice, les bourreaux se munissaient d'une grosse cuiller de bois, percée d'un trou ; ils la remplissaient d'eau bouillante, et ne laissaient découler qu'un filet d'eau sur le corps du patient. Pendant un mois entier, le Père fut tourmenté six fois par jour, et brûlé par tout le corps. Les bourreaux, lassés de sa patience, déclarèrent à Uxème qu'ils épuiseraient toutes les sources du Bungen, avant de dompter le P. Ixida. On le ramena donc à Nangazaki, où il fut consumé lentement par le feu du bûcher avec plusieurs autres religieux.

Outre ces 33 martyrs, la Compagnie de Jésus pourrait encore revendiquer, comme lui ayant été spécialement dévoués, dix hôtes et serviteurs des Pères, six catéchistes : le B. Léon **Tanora,** décapité en 1617 ; — le B. Mathias **d'Arima,** mort dans les tortures le 22 mai 1620 ; — le B. Simon **Quiota,** crucifié le 16 août 1620 ; — le B. Antoine **Sanga,** décapité le même jour que le P. Spinola fut brûlé en 1622 ; avant de mourir il écrivit au P. Provincial de le recevoir au moins comme esclave de la Compagnie de Jesus, puisqu'étant marié il ne pouvait en être le fils ; de cruelles maladies l'avaient obligé autrefois de quitter le noviciat ; — le B. Gaspard **Cotenda,** issu des rois de Firando, décapité le 11 septembre 1622, à l'âge de 21 ans ; la Compagnie le compterait parmi ses membres, si avant sa mort il n'eût été séparé du Père, qui, par ordre du Provincial, devait recevoir ses vœux ; — le B. **Caïus,** brûlé en 1624.

Les persécutions qui suivirent cette époque achevèrent de ruiner la mission du Japon. De 1633 à 1646, il y eut encore bien des martyrs. Outre plus de cent chrétiens séculiers, on compte sept religieux de St. Dominique, deux de St. François, et quarante trois de la Compagnie de Jésus, brûlés à petit feu ou suffoqués dans les tourments de la fosse. Ils furent les derniers, qui purent pénétrer au Japon.

— Après ce rapide résumé des souffrances de nos martyrs, concluons par ces belles paroles de St-Jean Chrysostôme :

Les martyrs sont les soldats de Jésus-Christ. Ils ont vaincu le démon. Ils peuvent s'écrier comme St Paul : *Bonum certamem certavi...* Ils ont combattu sur la terre, ils sont couronnés dans le ciel. Ils ont remporté la victoire dans ce monde, leur triomphe est proclamé dans le royaume des cieux. Les honneurs de ce monde ne leur suffisent pas ; il leur faut une couronne immortelle, un bonheur infini, une éternité de gloire.

Prodiges par lesquels Dieu a glorifié le B. Père Charles Spinola.

La Sœur Pétronille Orsini, religieuse oblate du monastère de Torre di Specchi à Rome, tombait du haut mal depuis plus de quinze ans. Des crises violentes lui arrivaient chaque mois et plus souvent encore; elle était âgée de quarante ans et les médecins regardaient sa maladie comme incurable. En 1628, elle reçut d'un Père de la Compagnie de Jésus une pieuse image du vénérable Père Charles Spinola, martyrisé peu d'années auparavant; elle sentit naître au fond de son cœur la ferme confiance d'obtenir sa guérison par l'intercession du serviteur de Dieu. Se recommandant au martyr avec ferveur, elle promit de réciter chaque jour en son honneur certaines prières, et elle fut aussitôt exaucée; le mal cessa entièrement et elle n'en souffrit plus jusqu'à la mort. Cette guérison miraculeuse attestée juridiquement est relatée dans les actes de la Béatification.

Deux autres religieuses bénédictines qui habitaient le couvent de Sainte-Anne à Rome, apprenant ce miracle, se sentirent portées à la confiance envers ce saint martyr. Sœur Octavie Berneri souffrait depuis plus d'une année les plus vives douleurs au sein dont on n'avait pu retirer une grosse aiguille d'acier qui s'y était enfoncée par accident. Elle se recommanda au P. Charles Spinola, et l'aiguille sortit d'elle-même, sans douleurs, sans même laisser la moindre cicatrice. L'autre sœur, Claudia, converse, avait une tumeur cancéreuse dans l'estomac, elle ne retenait aucun aliment, les rejetait tous avec quantité de sang. Se voyant réduite à une extrême faiblesse et n'attendant plus rien des médecins, elle invoqua le secours du vénérable Père Spinola et fut aussitôt radicalement guérie.

Le 18 mai 1663, la flotte française bombardait la ville de Gênes; une bombe, la mèche enflammée, vint à tomber dans la chambre où était D. Philippe Spinola, comte de Tassarolo. Dans cette extrémité, ce pieux seigneur se tourna vers un portrait du Vénér. Père Spinola, suspendu à la muraille. La bombe éclata avec un horrible fracas, brûla et détruisit en partie ce que cette chambre contenait, mais ni le comte ni l'image du serviteur de Dieu n'en reçurent la moindre atteinte. Don Philippe en donna sous la foi du serment un témoignage écrit de la main du notaire public.

N. B.—Pour plus de détails, voir la *Vie du B. P. Spinola* par le P. Pougin, chez Castermann, rue Bonaparte, 66, et *les 205 martyrs du Japon,* notice par le P. Boero, traduit par le P. Aubert, chez Albanel, rue de Tournon, 15, Paris.

PRIÈRE

Que saint François-Xavier, apôtre des Indes et du Japon, disait tous les jours pour la conversion des infidèles.

O Dieu éternel, créateur de toutes choses, souvenez-vous que les âmes des infidèles sont l'ouvrage de vos mains, et que c'est à votre ressemblance qu'elles ont été créées. Voilà, Seigneur, que l'enfer s'en remplit à la honte de votre nom. Souvenez-vous que Jésus-Christ votre Fils a souffert pour leur salut une mort très-cruelle ; ne permettez plus, je vous prie, qu'il soit méprisé des idolâtres. Laissez-vous fléchir par les prières de l'Église sa très-sainte Épouse, et souvenez-vous de votre miséricorde. Oubliez, Seigneur, leur infidélité, et faites en sorte qu'ils reconnaissent enfin pour leur Dieu notre Seigneur Jésus-Christ que vous avez envoyé au monde, et qui est notre salut, notre vie, notre résurrection, par lequel nous avons été délivrés de l'enfer, et à qui soit la gloire durant les siècles des siècles.

Le S. Pontife Pie IX a accordé une indulgence de trois cents jours à tous ceux qui réciteront dévotement cette prière. (24 Mai 1847.)

Permis d'imprimer :

Amiens, Vendredi-Saint, 10 avril 1868,

FALLIÈRE, Vic⁰ gén¹.

Amiens. — Imp. Alfred Caron-fils.

Amiens. — Typ. Alfred CARON fils, rue de Beauvais, 42.

www.ingramcontent.com/pod-product-compliance
Lightning Source LLC
Chambersburg PA
CBHW061312050726
47594CB00004B/1676